Editions **Bafou Culture et Traditions**

1

Eric GeraudNoupouwo

Le pouvoir de la parole chez les Bafou en pays Bamiléké

Introduction :
Le pouvoir de la parole chez les Bafou, une symphonie ancestrale

Au cœur des collines verdoyantes du pays Bamiléké au Cameroun, réside le peuple Bafou, riche et puissant royaume fondé au 17ème par un chasseur nommé Telah. Peuple des « gens qui n'acceptent rien sans comprendre les fondements », Bafou est une chefferie traditionnelle de Premier Degré où vivent près de cent vingt mille âmes. Riche de son passé centenaire, le peuple Bafou est dépositaire d'une riche culture orale profondément ancrée dans l'histoire et les traditions. La parole, outil de communication et de construction sociale, occupe une place centrale dans la vie de ce peuple, modelant leurs interactions, leurs croyances et leur vision du monde.

Ce livre se propose d'explorer le pouvoir de la parole chez les Bafou, en analysant ses différentes formes et usages dans les traditions, les rituels et la vie quotidienne. L'objectif est de mettre en lumière la contribution de la parole à la construction de l'identité Bafou et de comprendre son rôle essentiel dans la préservation et la transmission de leur patrimoine culturel.

La parole, phénomène universel et élément fondamental de la communication humaine, s'est développée au fil des âges, donnant naissance à une diversité de langues et de systèmes de communication. Chez les Bafou, la parole s'élève au rang d'art, de philosophie et de lien spirituel. Elle tisse la trame des interactions sociales, façonne les croyances religieuses et transmet les savoirs ancestraux.

4

Au-delà de sa fonction communicative, la parole possède un pouvoir immense. Elle peut être utilisée pour persuader, influencer et manipuler, comme le démontrent les techniques de rhétorique, la propagande et les stratégies de manipulation de l'opinion publique. Chez les Bafou, la parole acquiert une dimension sacrée, capable d'influencer le cours des événements et de dialoguer avec le monde invisible.

La parole joue un rôle crucial dans les arts et la littérature, permettant de créer des mondes imaginaires, de transmettre des émotions et de susciter des réflexions chez le lecteur ou le spectateur. Chez les Bafou, les chants, les contes, les oraisons funèbres et les proverbes constituent des expressions artistiques où la parole se déploie dans toute sa richesse et sa beauté.

Les mythes, les légendes et les contes constituent des formes narratives qui mettent en scène la parole comme outil essentiel pour construire des récits, transmettre des valeurs et préserver la mémoire collective. Chez les Bafou, ces récits oraux sont des trésors inestimables qui nourrissent l'identité collective et transmettent les enseignements des générations passées.

La parole divine, présente dans les textes sacrés des religions, possède un pouvoir immense. Elle guide les croyants, éclaire leur chemin spirituel et leur offre des réponses aux questions fondamentales de l'existence. Chez les Bafou, la parole des ancêtres et des oracles est également révérée, considérée comme source de sagesse et de guidance spirituelle.

Ce livre nous immerge dans les spécificités de la parole dans la culture Bafou. Nous explorerons les rites ancestraux, les chants sacrés et profanes, les actes de bénédictions et de malédictions, la justice du tonnerre, le cadi et bien d'autres pratiques traditionnelles où la parole joue un rôle central.

Au terme de ce voyage à travers le pouvoir de la parole chez les Bafou, nous découvrirons une culture riche et vibrante, où la parole s'élève au rang d'instrument de communication, de construction sociale, de transmission des savoirs et de lien avec le monde spirituel. Cette symphonie ancestrale nous invite à réfléchir sur la puissance de la parole et son rôle essentiel dans la préservation des identités culturelles.

Table des matières

9

12

13

Chapitre 1 : L'univers de la parole : fondements et manifestations

I. La parole comme phénomène universel

1. L'origine de la parole et son évolution à travers les âges

La parole, outil de communication fondamental de l'être humain, s'est développée au fil des millénaires, façonnée par l'évolution biologique et les interactions sociales. Les origines précises de la parole restent un sujet de débat scientifique, mais les recherches suggèrent qu'elle a émergé il y a environ 2 millions d'années, en lien avec l'évolution du larynx et des zones cérébrales liées au langage.

14

Au fil des âges, la parole a connu une diversification remarquable, donnant naissance à une multitude de langues et de systèmes de communication. Cette diversité linguistique reflète la richesse des cultures humaines et leur adaptation à des environnements et des modes de vie variés. L'évolution des langues s'est également nourrie des contacts entre les peuples, des migrations et des échanges culturels.

2. La diversité des langues et des systèmes de communication

Aujourd'hui, le monde compte plus de 7 000 langues parlées, chacune avec sa grammaire, son vocabulaire et sa syntaxe propres. Cette diversité linguistique constitue un trésor inestimable de la culture humaine, reflétant la créativité et l'ingéniosité des peuples du monde.

15

Au-delà des langues parlées, d'autres systèmes de communication existent, comme les langues des signes, utilisées par les personnes sourdes et malentendantes, ou les langages codés, employés à des fins militaires ou secrètes. Chacun de ces systèmes de communication répond à des besoins spécifiques et contribue à la richesse de l'expression humaine.

3. L'impact des technologies sur la communication et la parole

L'avènement des technologies a profondément transformé les modes de communication et d'utilisation de la parole. L'écriture, apparue il y a environ 5 500 ans, a permis de fixer la parole dans le temps et de la transmettre sur de longues distances. L'invention de l'imprimerie au XVe siècle a révolutionné la diffusion du savoir et des idées.

Avec l'ère numérique, la parole s'est affranchie des contraintes géographiques et temporelles. Le téléphone, la radio, la télévision et internet ont ouvert de nouveaux horizons à la communication, permettant des interactions instantanées à l'échelle mondiale. Les réseaux sociaux et les messageries instantanées ont quant à eux modifié nos modes d'expression et d'échanges, créant de nouvelles formes de communication écrite et orale.

Si les technologies ont indéniablement facilité la communication et élargi ses horizons, elles ont également soulevé des questions sur l'impact qu'elles peuvent avoir sur la qualité de la parole et sur les relations humaines. L'usage excessif des SMS et des abréviations peut appauvrir le langage, tandis que la communication virtuelle peut parfois nuire à la construction de relations humaines authentiques.

La parole, phénomène universel et élément fondamental de la communication humaine, s'est développée et diversifiée au fil des âges, façonnée par l'évolution biologique, les interactions sociales et les progrès technologiques. La diversité des langues et des systèmes de communication témoigne de la richesse des cultures humaines, tandis que l'impact des technologies sur la parole soulève de nouveaux défis et questionnements. Comprendre l'univers de la parole, dans ses différentes dimensions, nous permet d'apprécier l'ingéniosité humaine et de réfléchir à l'avenir de la communication dans un monde en constante évolution.

II. Le pouvoir de la parole : persuasion, influence, manipulation

1. La rhétorique et les techniques de persuasion

La rhétorique, art de persuader par le discours, s'est développée dès l'Antiquité comme outil politique et judiciaire. Les grands orateurs, comme Cicéron ou Démosthène, maîtrisaient les techniques de persuasion pour emporter l'adhésion de leur auditoire.

Aujourd'hui, la rhétorique s'applique dans de nombreux domaines, du marketing à la politique, en passant par l'éducation et la communication interpersonnelle. Les techniques de persuasion, comme l'utilisation d'arguments logiques, d'exemples concrets et d'émotions, permettent d'influencer les

19

opinions   et   les   comportements.

2. La propagande et la manipulation de l'opinion publique

La propagande utilise la parole pour diffuser des informations et des idées de manière partiale et souvent mensongère, dans le but d'influencer l'opinion publique et de servir des intérêts particuliers. Elle peut s'appuyer sur des techniques de manipulation psychologique, comme la répétition, l'utilisation de symboles et la diffusion de peur ou de haine.

La manipulation de l'opinion publique peut avoir des conséquences graves sur les individus et les sociétés, en les poussant à adopter des opinions ou des comportements contraires à leurs intérêts. La vigilance et l'esprit critique sont essentiels pour se prémunir contre les manipulations et forger ses propres opinions en se basant sur des informations vérifiées.

3. Le pouvoir de la parole dans les relations interpersonnelles

La parole joue un rôle crucial dans les relations interpersonnelles, permettant d'exprimer ses pensées, ses sentiments et ses besoins, et de tisser des liens avec les autres. La communication efficace, basée sur l'écoute, l'empathie et le respect mutuel, est essentielle pour construire des relations saines et épanouissantes.

Cependant, la parole peut également être utilisée à des fins néfastes dans les relations interpersonnelles, comme pour blesser, manipuler ou contrôler l'autre. Il est important de prendre conscience du pouvoir de la parole et de l'utiliser de manière responsable et respectueuse dans ses interactions avec les autres.

21

La parole, outil puissant de persuasion, d'influence et de manipulation, peut être utilisée pour des fins positives comme négatives. Comprendre les techniques de persuasion, les mécanismes de la propagande et les enjeux de la communication interpersonnelle est essentiel pour forger son propre jugement, résister aux manipulations et construire des relations saines et épanouissantes.

III. La parole dans les arts et la littérature

1. Le pouvoir expressif de la parole dans la poésie, le théâtre et la musique

Dans les arts et la littérature, la parole se déploie dans toute sa richesse et sa puissance expressive. La poésie, le théâtre et la musique utilisent la parole pour créer des émotions, transmettre des messages et explorer les profondeurs de l'âme humaine.

- **La poésie**, avec ses jeux de mots, ses rythmes et ses images, offre une liberté d'expression unique. Le poète utilise la parole pour tisser des univers imaginaires, exprimer des sentiments profonds et susciter des réflexions chez le lecteur.

- **Le théâtre**, art vivant par essence, donne vie à la parole sur scène. Les acteurs, incarnant des personnages fictifs, utilisent la parole pour interagir entre eux et avec le public, créant ainsi une expérience immersive et captivante.

- **La musique**, bien que souvent instrumentale, intègre également la parole dans ses différentes formes, du chant lyrique au rap en passant par la chanson populaire. La parole chantée ou parlée accompagne la mélodie, ajoutant une dimension émotionnelle et narrative à l'œuvre musicale.

2. La création de mondes imaginaires et de personnages à travers la parole

La parole des artistes permet de créer des mondes imaginaires et de donner vie à des personnages fictifs. Dans les romans, les contes et les pièces de théâtre, les personnages prennent forme grâce aux dialogues, aux descriptions et aux réflexions intérieures. L'auteur, par son habileté à manier la parole, invite le lecteur ou le spectateur à voyager dans des univers fantastiques ou à plonger dans la psychologie de ses personnages.

24

3. L'impact de la parole sur les émotions et les réflexions du lecteur ou du spectateur

La parole des artistes a le pouvoir de susciter des émotions fortes chez le lecteur ou le spectateur. Elle peut toucher la joie, la tristesse, la colère, la peur ou l'amour. La littérature et les arts nous permettent de vivre par procuration des expériences humaines variées, d'élargir notre vision du monde et de mieux comprendre les complexités de l'âme humaine.

De plus, la parole des artistes peut également nous inciter à la réflexion. Elle peut poser des questions sur la société, l'existence humaine ou la condition morale de l'individu. Les œuvres littéraires et artistiques, par leur pouvoir de questionnement et de suggestion, nous invitent à remettre en question nos

25

certitudes et à forger notre propre opinion sur le monde qui nous entoure.

La parole dans les arts et la littérature est un outil d'expression puissant et versatile. Elle permet aux artistes de créer des univers imaginaires, de donner vie à des personnages fictifs, de susciter des émotions et d'inviter le public à la réflexion. La richesse et la diversité des formes d'expression artistique témoignent de la créativité humaine et de son besoin de s'exprimer à travers la parole.

Chapitre 2 : La parole dans les mythes, les légendes et les contes

I. Le rôle de la parole dans la construction des récits mythologiques

1. La transmission des valeurs et des croyances à travers les mythes

Les mythes, récits oraux transmis de génération en génération, constituent un fondement essentiel de la culture et de l'identité de nombreux peuples. Ils racontent des histoires extraordinaires mettant en scène des dieux, des héros et des créatures fantastiques, et offrent des explications sur l'origine du monde, les phénomènes naturels et la condition humaine.

La parole joue un rôle central dans la construction des récits mythologiques. C'est à travers la parole que les mythes sont transmis, racontés et interprétés. Les conteurs, gardiens de la mémoire collective, utilisent la parole pour insuffler vie aux personnages et aux événements légendaires, transmettant ainsi aux auditeurs les valeurs, les croyances et les enseignements ancestraux.

Le mythe de la création chez les Grecs antiques, raconté dans la Théogonie d'Hésiode, illustre parfaitement le rôle de la parole dans la transmission des valeurs et des croyances. Ce récit, transmis oralement pendant des siècles, explique l'origine du monde et des dieux, mettant en lumière des valeurs comme la puissance, la justice et la sagesse.

2. L'importance de la parole dans la préservation de la mémoire collective

Les mythes, légendes et contes constituent des formes narratives qui jouent un rôle crucial dans la préservation de la mémoire collective. Ils permettent de transmettre aux générations futures l'histoire du peuple, ses traditions, ses valeurs et ses croyances. La parole des conteurs, véritables gardiens de la mémoire collective, assure la continuité culturelle et identitaire entre les générations.

Les contes populaires africains, transmis oralement de génération en génération, sont des trésors inestimables de la mémoire collective du continent africain. Ces récits, souvent empreints de sagesse et d'humour, véhiculent des valeurs morales, des leçons de vie et des connaissances sur l'environnement et la nature. La parole des conteurs africains

29

joue un rôle essentiel dans la préservation de ce riche patrimoine culturel.

La parole dans les mythes, les légendes et les contes est un outil puissant de transmission des valeurs, des croyances et de la mémoire collective. Elle permet de forger l'identité culturelle des peuples et de tisser des liens entre les générations. La préservation de ces récits oraux est essentielle pour sauvegarder la richesse et la diversité du patrimoine culturel immatériel de l'humanité.

II.   La parole dans les légendes et les contes

1. Divertissement, éducation morale et transmission des savoirs

Les légendes et les contes, récits populaires transmis oralement de génération en génération, occupent une place importante dans la culture de nombreux peuples. Ils offrent un divertissement captivant tout en véhiculant des messages éducatifs et moraux, et contribuent à la transmission des savoirs et des traditions.

Les légendes et les contes, peuplés de personnages extraordinaires, d'aventures fantastiques et de créatures fabuleuses, transportent les auditeurs dans des univers imaginaires, leur offrant un moment d'évasion et de plaisir. La parole des conteurs, rythmée et imagée, captive l'attention et suscite l'imagination, permettant aux auditeurs de s'évader du quotidien et de vivre des aventures extraordinaires par procuration.

Par exemple, les contes des Mille et Une Nuits, recueil de récits orientaux traduits et popularisés en Europe au XVIIIe siècle, illustrent parfaitement le pouvoir divertissant des légendes et des contes. Ces histoires captivantes, mêlant aventure, amour et magie,

31

ont émerveillé des générations de lecteurs et continuent à inspirer des artistes et des conteurs du monde entier.

Au-delà du divertissement, les légendes et les contes jouent un rôle important dans l'éducation morale et la transmission des savoirs. Ils véhiculent des valeurs morales et des leçons de vie, enseignant aux auditeurs les notions de bien et de mal, de courage, de justice et de respect. Les contes constituent également une source précieuse de connaissances sur l'histoire, les traditions, les croyances et les coutumes d'un peuple.

Les fables de La Fontaine, courtes histoires mettant en scène des animaux personnifiés, sont un exemple célèbre de l'utilisation des légendes et des contes à des fins éducatives. Ces fables, empreintes de sagesse et d'humour, délivrent des leçons de morale sur des sujets comme la tricherie, l'avidité et l'amitié, contribuant ainsi à l'éducation des enfants et des adultes.

## 2.	La parole comme outil de construction de l'identité collective

Les légendes et les contes, enracinés dans l'histoire et les traditions d'un peuple, participent à la construction de son identité collective. Ils racontent les exploits des ancêtres, les valeurs partagées et les croyances communes, renforçant le sentiment d'appartenance à une communauté. La parole des conteurs, en transmettant ces récits génération après génération, assure la pérennité de l'identité culturelle et renforce les liens entre les membres d'un peuple.

Les contes populaires amérindiens, riches en symbolisme et en leçons de vie, reflètent la cosmovision et les valeurs des peuples autochtones d'Amérique du Nord. Ces récits, transmis oralement depuis des siècles,

33

contribuent à la préservation de l'identité culturelle amérindienne et à la transmission des savoirs ancestraux aux nouvelles générations.

La parole dans les légendes et les contes est un outil précieux pour le divertissement, l'éducation morale, la transmission des savoirs et la construction de l'identité collective. Ces récits oraux, porteurs de valeurs et de traditions, constituent un patrimoine culturel inestimable qu'il est essentiel de préserver et de partager.

34

Chapitre 3 : La parole dans les religions et les philosophies

I. Le pouvoir de la parole divine dans les textes sacrés

1. La parole comme source de révélation et de guidance spirituelle

Dans de nombreuses religions, la parole divine, transmise à travers des textes sacrés comme la Bible, le Coran ou la Torah, occupe une place centrale dans la vie des croyants. Cette parole, considérée comme sacrée et infaillible, est perçue comme une source de révélation et de guidance spirituelle, éclairant le chemin des croyants vers le salut ou la libération.

La Bible, texte sacré du christianisme, est considérée comme la parole de Dieu révélée

35

aux hommes. Elle contient des récits historiques, des poèmes, des prophéties et des enseignements moraux qui guident les croyants dans leur vie spirituelle. La parole divine, transmise à travers la Bible, offre aux chrétiens une source d'inspiration, de réconfort et d'espoir.

2.   L'interprétation et la transmission des textes sacrés

L'interprétation des textes sacrés, souvent complexes et symboliques, a donné lieu à une riche tradition exégétique au sein des différentes religions. Les théologiens, les érudits et les guides spirituels s'efforcent de comprendre et d'expliquer le sens profond des textes sacrés, en tenant compte du contexte historique, culturel et linguistique dans lequel ils ont été écrits.

Le Coran, texte sacré de l'islam, fait par exemple l'objet d'une multitude

36

d'interprétations par les différentes écoles de pensée islamiques. Les exégètes musulmans analysent les versets du Coran en s'appuyant sur des méthodes d'interprétation rigoureuses, afin de dégager leur sens profond et de les appliquer aux réalités de la vie quotidienne des croyants.

La parole divine dans les textes sacrés constitue un pilier fondamental de nombreuses religions, offrant aux croyants une source de révélation, de guidance spirituelle et de sens dans leur vie. L'interprétation et la transmission de ces textes sacrés, à travers des traditions exégétiques riches et variées, permettent aux croyants de comprendre et d'appliquer les enseignements divins dans leur quotidien.

II. La parole comme outil de méditation et de réflexion

philosophique

1. La quête du sens et de la vérité à travers la parole

Dans le domaine de la philosophie, la parole joue un rôle essentiel dans la quête du sens et de la vérité. Les philosophes, par le biais de la réflexion, du dialogue et de l'argumentation, s'efforcent de comprendre le monde, la nature humaine et la place de l'individu dans l'univers. La parole est leur outil principal pour explorer ces questions fondamentales et partager leurs réflexions avec le monde.

La philosophie de Socrate, basée sur la maïeutique, illustre parfaitement l'utilisation de la parole comme outil de réflexion philosophique. Socrate, par ses questions habiles et son dialogue constant avec ses interlocuteurs, les amenait à remettre en question leurs certitudes et à s'engager dans une quête de connaissance personnelle. Sa méthode, centrée sur la parole et l'échange d'idées, visait à faire accoucher les esprits de la vérité.

2. Les différentes écoles de pensée et leurs conceptions de la parole

Les différentes écoles de pensée philosophique ont développé des conceptions variées de la parole et de son pouvoir. Certaines, comme le stoïcisme, mettent l'accent sur la maîtrise de la parole et l'importance de l'expression rationnelle. D'autres, comme le platonisme, accordent une place prépondérante à la parole divine et à la quête de la vérité transcendante.

Le concept de logos, central dans la philosophie grecque ancienne, désigne la parole raisonnée et créatrice. Pour les philosophes grecs, le logos était à la fois la source de l'ordre dans l'univers et l'outil

39

essentiel de la pensée humaine. La maîtrise du logos était considérée comme indispensable pour accéder à la connaissance et à la sagesse.

La parole dans les religions et les philosophies est un outil puissant au service de la quête du sens, de la vérité et de la sagesse. Elle permet aux croyants d'approcher la parole divine et aux philosophes d'explorer les mystères de l'existence. La diversité des approches et des conceptions de la parole témoigne de la richesse et de la complexité de la pensée humaine dans sa recherche de sens et de compréhension du monde.

40

Chapitre 4 : Les Bafou et leur culture : une société fondée sur la parole

I. Présentation du peuple Bafou et de son histoire

1. Présentation du groupement Bafou

Le groupement Bafou, situé dans le département de la Ménoua à l'ouest du Cameroun, se distingue par sa superficie imposante, son histoire riche et sa culture dynamique. Sa situation géographique, entourée de nombreux villages et groupements voisins, a façonné son identité et ses interactions avec les communautés environnantes.

Étymologiquement, le nom "Bafou" dérive de deux mots : "Ba" signifiant "les gens de..." et

41

"Fouh" signifiant "fouiller, chercher pour se développer". Cette étymologie suggère un peuple curieux, en quête de connaissance et d'amélioration. Une interprétation plus profonde le présente comme "le peuple des gens qui cherchent, qui s'interrogent, qui n'acceptent rien sans comprendre le fondement".

Avec une superficie d'environ 178 kilomètres carrés, Bafou est le plus vaste groupement du département de la Ménoua et le second de la région de l'ouest après Bandjoun. Sa forme allongée, s'étendant sur 28 kilomètres du nord au sud et atteignant une largeur maximale de 10,5 kilomètres, lui confère une position géographique unique. Entouré de huit groupements voisins, Bafou a su tisser des relations cordiales avec chacun d'entre eux. La multitude de voisins a conduit les rois successifs à installer des dignitaires aux frontières pour protéger le territoire et assurer son occupation complète.

Sur le plan administratif, Bafou est une chefferie supérieure de 1er degré, structure politique traditionnelle au cœur de l'organisation sociale. Le roi, ou Fo'o, incarne l'autorité et la continuité de la chefferie. Il est assisté par un conseil de notables et veille au maintien des traditions et à la préservation de l'identité de son peuple.

2. Organisation administrative et gestion du pouvoir dans le groupement Bafou

Le groupement Bafou, doté d'une organisation administrative complexe et d'un système de gestion du pouvoir bien établi, illustre la richesse et la sophistication des structures traditionnelles camerounaises. Le roi, figure centrale de ce système, détient une autorité considérable sur les plans traditionnel, religieux et administratif.

43

En effet, le roi de Bafou occupe une position centrale au sein du groupement. Il est le symbole de l'unité et de la force du peuple Bafou, incarnant les valeurs identitaires et la continuité de la chefferie. Sa légitimité découle à la fois de sa lignée ancestrale et de la reconnaissance par le peuple.

Sur le plan traditionnel, le roi est le gardien du patrimoine matériel et immatériel du royaume. Il veille à la préservation des traditions et des coutumes, tout en étant le dépositaire de certains éléments clés de ce patrimoine. Son rôle de guide temporel s'étend à l'exemplarité qu'il doit montrer à son peuple, incarnant les valeurs et les aspirations du groupement.

Le roi joue également un rôle crucial dans la sphère religieuse. Il est le grand prêtre du « Nguiah Ndze'êh » et officie lors des grands rituels de sécurité ou de purification du territoire. Sa position lui permet d'être le lien entre les hommes et le Dieu Suprême, transmettant les messages divins et des ancêtres. Cette dimension sacrée renforce son autorité et son aura auprès du peuple.

Sur le plan administratif, le roi est le chef suprême du groupement Bafou. Il détient l'autorité sur les armées visibles et invisibles, dirige la police et administre le territoire. Il s'appuie sur les chefs de villages et de quartiers pour assurer une gestion efficace et équitable.

Malgré l'étendue de ses pouvoirs, le roi ne gouverne pas seul. Il s'appuie sur un ensemble de structures traditionnelles et contemporaines pour l'assister dans sa prise de décision et dans la gestion du groupement. La cour royale, les sociétés secrètes, les Medzong, les Aka'a, les confréries des notables, les chefs de villages et de quartiers, les FOVIBA, le CODEGBA et le Lemoû font partie de ces structures de soutien.

L'organisation administrative et la gestion du pouvoir dans le groupement Bafou révèlent un système complexe et harmonieux, où le roi, figure centrale, détient une autorité considérable tout en s'appuyant sur des structures traditionnelles et modernes pour assurer le bon fonctionnement du groupement. Ce modèle, riche en enseignements, témoigne de la vitalité des traditions et de leur capacité à s'adapter aux enjeux contemporains.

3. La chefferie supérieure Bafou : cœur symbolique et poumon du groupement

La chefferie supérieure Bafou, située au cœur du groupement, constitue un symbole vivant de l'héritage culturel et de l'organisation sociale du peuple Bafou. Véritable carrefour de la vie traditionnelle, elle abrite une multitude d'espaces aux fonctions diverses et incarne l'essence même de l'identité Bafou.

La chefferie Bafou n'est pas un simple lieu géographique, mais plutôt un ensemble de structures aux fonctions complémentaires qui rythment la vie du groupement. Parmi ses composantes majeures, on trouve :

- **La place des fêtes (Aza'a fou)** : Vaste espace ouvert, elle sert de cadre aux grandes célébrations, rassemblements populaires et manifestations culturelles. C'est ici que se déroulent les intronisations des rois, les festivités et les événements marquants de la vie communautaire, comme le festival Lemou.

- **Le palais royal** : Résidence du roi, le palais est le centre névralgique du pouvoir politique et traditionnel. Il abrite les appartements royaux, les salles d'audience et de conseil, ainsi que des lieux sacrés et des trésors ancestraux.

- **La forêt sacrée** : Espace protégé et vénéré, la forêt sacrée héberge des divinités et des sources d'eau sacrées. C'est un lieu de prières, de rituels et de connexion avec le monde spirituel pour le peuple Bafou.

- **Les résidences des reines** : Épouses du roi, les reines occupent des résidences distinctes au sein de la chefferie. Elles jouent un rôle important dans la vie du groupement et assurent la transmission des valeurs et traditions aux générations futures.

- **Les salles de réunions** : Divers espaces dédiés aux rencontres, discussions et prises de décision sont présents au sein de la chefferie. C'est ici que se réunissent les conseils de notables, les sociétés secrètes et les associations de développement pour traiter des affaires du groupement.

- **Le musée royal** : Ce sanctuaire de la mémoire et de l'histoire renferme une collection d'objets d'art et d'artefacts d'une valeur inestimable,

48

retraçant les origines, les traditions et les réalisations du peuple Bafou à travers les siècles.

Le musée royal de Bafou transporte les visiteurs dans un voyage fascinant à travers le temps. Des trônes ancestraux aux armes de guerre traditionnelles, en passant par des instruments de musique et des parures royales, chaque objet raconte une histoire, témoigne d'un savoir-faire ancestral et illustre la richesse de la culture Bafou.

Le musée royal joue un rôle crucial dans la préservation de l'identité et des traditions du peuple Bafou. En conservant et en exposant ces objets précieux, il permet aux générations futures de se connecter à leurs racines, de comprendre leur histoire et de perpétuer les valeurs qui ont façonné leur communauté.

Les objets exposés au musée royal témoignent de l'ingéniosité et de la créativité du peuple

Bafou. Les sculptures en bois finement ciselées, les tissages aux motifs complexes et les bijoux délicatement ouvragés révèlent un savoir-faire artisanal exceptionnel et une sensibilité artistique aiguisée.

Le musée royal de Bafou n'est pas seulement un lieu de mémoire, mais aussi un pont entre le passé et le présent. Il permet aux visiteurs de comprendre les origines du peuple Bafou, d'apprécier leur culture riche et diversifiée, et de tisser des liens avec leur patrimoine ancestral.

Symbole de l'unité et de la tradition, la chefferie Bafou, par son architecture imposante, ses fresques murales et sa symbolique riche, incarne l'identité profonde du peuple Bafou. Elle représente la continuité de la lignée royale, la préservation des valeurs ancestrales et l'unité du groupement. Sa présence au cœur du territoire rappelle à chaque habitant ses origines, son appartenance à une communauté et le respect des traditions qui les lient.

Située à quelques kilomètres de la ville de Dschang, la chefferie Bafou est facilement accessible aux visiteurs. Une porte traditionnelle marque l'entrée du territoire, et un trajet de 1500 mètres sur une piste en bon état mène à la place de la chefferie, accessible par une nouvelle porte. Les visiteurs peuvent ainsi découvrir son architecture remarquable, admirer les objets d'art exposés au musée et s'imprégner de l'atmosphère unique de ce lieu chargé d'histoire et de traditions.

En définitive, la chefferie supérieure Bafou, bien plus qu'un simple lieu physique, est l'âme du groupement Bafou. Elle symbolise l'unité, la tradition et la richesse culturelle d'un peuple fier de son identité. Sa visite permet de s'immerger dans l'histoire et les coutumes locales, et de comprendre l'importance de ce patrimoine vivant pour les générations présentes et futures.

II. La place centrale de la parole dans la société Bafou

Au sein de la société Bafou, la parole occupe une position centrale, bien au-delà de sa simple fonction de communication. Elle est considérée comme un outil puissant, vecteur de valeurs fondamentales, de rituels et de résolution de conflits. La maîtrise de la parole et le respect de la vérité sont des piliers essentiels de la vie communautaire.

52

i. Le respect de la parole et l'importance de la vérité

Dans la société Bafou, la parole est sacrée. Elle doit être utilisée avec respect et considération, car elle engage la personne qui parle et peut avoir des conséquences importantes sur son entourage. La vérité est également une valeur fondamentale, indispensable à la cohésion sociale et à la confiance mutuelle. Un individu qui ment ou manque à sa parole risque de perdre sa crédibilité et son respect au sein de la communauté.

ii. L'utilisation de la parole dans les rituels et les cérémonies

La parole joue un rôle crucial dans les rituels et les cérémonies de la société Bafou. Les prières, les invocations et les récitations ancestrales sont prononcées par des chantres ou des prêtres, souvent en des langues

53

anciennes, imagées ou sacrées. Ces paroles ont un pouvoir performatif, censé influencer le cours des événements, communiquer avec les ancêtres ou les divinités, et apporter protection et bénédiction à la communauté.

3. La parole comme outil de communication et de résolution des conflits

La parole est également un outil essentiel de communication et de résolution des conflits au sein de la société Bafou. Les palabres, réunions publiques où les problèmes sont débattus, constituent un mode traditionnel de règlement des différends. Les orateurs, souvent des sages ou des notables, s'efforcent de trouver un consensus et une solution apaisée aux litiges qui opposent les membres de la communauté.

54

4. Expressions et proverbes illustrant la place de la parole

Les proverbes, courts énoncés transmis de génération en génération, constituent une source inépuisable de sagesse et de savoir-faire chez les Bafou. Ils encapsulent des principes moraux, des leçons de vie et des observations du monde naturel, offrant des conseils pratiques pour naviguer dans les complexités de la vie. Les proverbes sont omniprésents dans la vie quotidienne des Bafou, utilisés dans les conversations courantes, les discours officiels et les cérémonies traditionnelles. Ils servent de références morales, de guides de décision et d'outils pour résoudre les conflits. De nombreux proverbes et expressions Bafou soulignent l'importance de la parole et de ses usages dans la société. En voici quelques exemples :

1. La parole est comme une flèche, une fois tirée, elle ne peut plus être récupérée.

2. Celui qui garde sa parole est un homme d'honneur.

3. La vérité est plus précieuse que l'or.

4. Par la parole, on peut construire ou détruire.

5. Celui qui vient de très loin à toujours raison.

6. Le silence est parfois plus éloquent que la parole.

7. On ne peut pas mourir avec sa bouche

8. Le rat avait dit qu'il en a pleins les joues

9. *Celui qui ne dit rien n'est pas forcement muet*

10. *Une parole est comme un fil de raphia ; si vous le tirez de la natte, vous ne pourrez le remettre à sa place.*

11. *Une parole sortie de la bouche est un œuf glissé de la main.*

12. *La parole est comme l'eau : une fois versée tu ne peux plus la ramasser.*

13. *Les paroles sont comme la toile d'araignée : pour l'homme habile, elles sont un abri ; pour le maladroit, elles sont un piège.*

14. *La mort est incapable devant la parole de l'ancêtre.*

15. *Si les paroles d'un mort restent debout, c'est à cause des vivants.*

16. *Tout sage jongle avec le silence et les paroles.*

17. *Mieux vaut se briser la jambe que briser sa parole.*

18. *Mieux vaut refuser de donner sa parole que de la trahir.*

19. *Que celui qui prend la parole ait pitié de ceux qui l'écoutent !*

20. *Parler est un besoin de tous mais écouter est un don que nous n'avons pas tous.*

21. *Ecoute avant de parler, mâche avant d'avaler.*

22. Celui qui ne sait pas se taire n'a pas le droit de parler.

23. On t'a donné une bouche et deux oreilles. (Parle une fois, mais écoute deux fois)

24. Même le silence parle.

25. On n'apprend pas à siffler à un perroquet qui sait déjà parler.

26. Si un animal vous dit qu'il peut parler, il ment probablement.

27. Celui qui parle beaucoup ne fait pas ce qu'il dit.

28. Celui qui sait parler ne risque pas de s'égarer.

29. Celui qui parle ignore que celui qui écoute est malin.

30. La bouche qui mange ne parle pas.

5. Les devinettes : Jeux de langage et exercices d'interprétation

Les devinettes, jeux de langage basés sur des énigmes et des descriptions indirectes, occupent une place importante dans la culture Bafou. Elles stimulent la réflexion, développent l'esprit d'analyse et favorisent la transmission des savoirs ancestraux.

Les devinettes ne sont pas de simples divertissements. Elles servent à tester l'intelligence et la perspicacité des individus, à transmettre des connaissances sur le monde et à promouvoir la pensée critique.

60

Analyse d'une devinette Bafou spécifique :
"Qu'est-ce qui est toujours pressé mais n'arrive jamais à destination ?" La réponse à cette devinette est "le temps". Elle nous rappelle la nature fugace du temps et l'importance de l'utiliser à bon escient.

6. Les contes : Divertissement, éducation morale et transmission des savoirs

Les contes, récits narratifs transmis oralement de génération en génération, constituent un pilier de la culture Bafou. Ils divertissent, éduquent et transmettent des valeurs morales et des leçons de vie aux jeunes générations.

On distingue différentes catégories de contes Bafou, tels que les contes animaliers, les contes historiques et les contes fantastiques. Chacun de ces types explore des thèmes spécifiques et véhicule des messages moraux

61

adaptés à l'âge et à la compréhension du public.

La parole, dans la société Bafou, est bien plus qu'un simple moyen de communication. Elle est un pilier fondamental de la culture, un outil de transmission des valeurs et des savoirs ancestraux, et un élément essentiel de la vie communautaire. Le respect de la parole, la recherche de la vérité et l'utilisation mesurée de son pouvoir contribuent à maintenir l'harmonie et la cohésion au sein des familles et de toute la communauté.

62

Chapitre 5 : Parler aux ancêtres : dialogue avec le monde invisible

Dans la culture Bafou, les ancêtres occupent une place prépondérante, tissant un lien invisible mais puissant entre le monde des vivants et celui des esprits. Les rites de parler aux ancêtres, ancrées dans les traditions et les croyances ancestrales, permettent aux membres de la communauté de communiquer avec leurs prédécesseurs, de leur demander protection et guidance, et de perpétuer un dialogue intergénérationnel essentiel à l'équilibre social et spirituel.

I. L'importance des ancêtres dans la culture Bafou

Les ancêtres, selon les croyances Bafou, ne sont pas des êtres disparus, mais plutôt des entités spirituelles qui continuent à veiller sur leurs descendants. Ils sont considérés comme des sources de sagesse, de protection et de bénédiction. Leur présence invisible se manifeste dans les événements quotidiens, les rêves et les intuitions des vivants.

1. Le lien spirituel entre les vivants et les ancêtres

1.1. *Un lien spirituel profond et permanent*

Les ancêtres Bafou ne sont pas perçus comme des êtres définitivement disparus, mais plutôt comme des entités spirituelles qui continuent à veiller sur leurs descendants. Ce lien invisible se manifeste de diverses manières :

- **Présence dans les rêves et les intuitions :** Les ancêtres peuvent communiquer avec les vivants par le biais de rêves, d'intuitions ou de visions. Ils peuvent ainsi leur transmettre des messages, des conseils ou des avertissements.

- **Influence sur les événements quotidiens :** Les ancêtres sont censés influencer le cours des événements de la vie quotidienne, apportant chance, protection ou au contraire, malheur et épreuves, selon leurs intentions et le respect que leur portent les vivants.

- **Rôle de médiateurs entre les hommes et la divinité suprême :** Les ancêtres peuvent également jouer le rôle de médiateurs entre les hommes et la Divinité suprême (Si'ih), intercédant en leur faveur et transmettant leurs prières et requêtes.

1.2 *Des sources de sagesse, de protection et de bénédiction*

Les ancêtres Bafou sont vénérés comme des sources de sagesse, de protection et de bénédiction. Ils sont considérés comme les gardiens des traditions et des valeurs ancestrales, et leur présence invisible est une source de réconfort et de sécurité pour les vivants.

- **Transmission des savoirs ancestraux :** Les ancêtres sont les dépositaires des savoirs ancestraux, tant au niveau des connaissances pratiques que des valeurs morales et spirituelles. Ils transmettent ces savoirs aux vivants par le biais des rites, des contes et des traditions orales.

- **Protection contre les dangers et les malheurs :** Les ancêtres sont invoqués pour obtenir leur protection contre les dangers et les malheurs de la vie. Ils sont censés éloigner les mauvais esprits, les maladies et les accidents, et assurer la prospérité de leur descendance et du groupement Bafou tout entier.

- **Bénédiction et réussite dans les entreprises :** Les ancêtres sont également sollicités pour obtenir leur bénédiction et leur soutien dans les entreprises importantes, telles que les mariages, les naissances, les projets professionnels ou les cérémonies rituelles.

67

1.3. Une vénération des ancêtres

L'importance des ancêtres dans la culture Bafou se traduit par une vénération particulière qui leur est rendue. Cette vénération se manifeste à travers divers rituels et pratiques traditionnelles, dont les plus courants sont :

- **Les libations :** Offrandes de boissons alcoolisées ou non alcoolisées, accompagnées de prières et d'invocations, destinées à honorer les ancêtres et à leur demander pardon, réconfort, soutien, et assistance.

- **Les sacrifices :** Immolation d'animaux (généralement poules ou chèvres, mais aussi bœufs), souvent accompagnée de chants, pour marquer des événements importants ou pour obtenir la protection des ancêtres. Ces immolations sont

68

généralement accompagnées de prières spécifiques de remerciements ou des demandes particulières à l'endroit des divins ou des esprits ancestraux.

- **Les consultations divinatoires** : Interrogation des ancêtres par l'intermédiaire de devins (Nkemsi'ih, Ndusi'ih, et Ngang-gha'a) afin de connaître l'avenir dans le but de savoir la conduite à tenir, d'anticiper sur les évènements ou de prendre des décisions importantes.

- **L'entretien des tabernacles familiaux et des lieux sacrés** : Les tabernacles familiaux sont des lieux spécifiques au sein de la concession familliale où sont conservés les crânes des ancêtres. Les lieux sacrés quant à eux, sont des temples spirituels aménagés dans les quartiers et les villes, et réputés pour abriter les esprits positifs et divins de la communauté. Ces

69

endroits qui leur sont dédiés font l'objet d'un entretien régulier et d'une vénération particulière. Beaucoup de cérémonies rituelles s'y déroulent et les paroles

1.4. Un élément essentiel de l'identité Bafou

Le culte des ancêtres constitue un élément essentiel de l'identité Bafou. Il permet de maintenir un lien vivant avec les générations passées, de préserver les traditions ancestrales et de renforcer la cohésion sociale au sein du groupement. Il contribue également à transmettre les valeurs morales et spirituelles aux générations futures, assurant ainsi la pérennité de la culture Bafou.

Les ancêtres occupent une place centrale dans la culture Bafou, bien au-delà de leur dimension religieuse. Ils sont des sources de sagesse, de protection et de bénédiction, et leur présence invisible est un élément structurant de la vie quotidienne et de l'identité du groupement. Le culte qui leur est rendu participe à la préservation des traditions ancestrales et à la transmission des valeurs culturelles aux générations futures.

II.   Le lien spirituel entre les vivants et les ancêtres

Le lien spirituel entre les vivants et les ancêtres se concrétise par le biais de divers rituels et pratiques traditionnelles. Les rites de parler aux ancêtres en font partie intégrante. Ces rites permettent aux vivants d'entrer en contact avec leurs ancêtres, de leur exprimer leur respect et leur gratitude, et de leur demander assistance dans les moments difficiles de la vie.

1. Le rôle des ancêtres dans la protection et la guidance des vivants

Les ancêtres sont perçus comme des guides et des protecteurs pour les vivants. Ils sont censés transmettre leur sagesse aux générations futures, les aider à prendre des décisions justes et les prémunir contre les dangers et les malheurs. Ils jouent également un rôle important dans la préservation des traditions et de l'identité culturelle du peuple Bafou.

Les rites de parler aux ancêtres ne sont pas de simples cérémonies, mais plutôt des moments de communion profonde entre les vivants et leurs prédécesseurs. Ils permettent de maintenir un dialogue intergénérationnel essentiel à la cohésion sociale et à la transmission des valeurs ancestrales.

2. Comment parler aux ancêtres chez les Bafou

Loin des dogmes rigides et des religions codifiées, la vénération des ancêtres chez les Bafou se manifeste par une communion intime, une connexion vibrante avec ceux qui ont quitté ce monde. Au sein de la culture Bafou, la communication avec les ancêtres revêt une importance capitale. Ces entités spirituelles, considérées comme des sources de sagesse, de protection et de bénédiction, font l'objet d'un culte particulier qui se traduit par des rites et des pratiques codifiés. Découvrons ensemble les différentes manières dont les Bafou s'adressent à leurs ancêtres.

- **L'appel solennel :** Avant de s'adresser aux ancêtres, le descendant Bafou se munit d'eau et d'une branche d'arbre de la paix, symboles de vie et de purification. Du sel, du jujube, une boisson fermentée,

73

ou des animaux vivants, peuvent
également accompagner l'offrande.
Debout dans un lieu sacré, imprégné de
la présence invisible des esprits, il verse
l'eau sur le sol, murmurant une invocation
solennelle :

« A vous, mes ancêtres connus et inconnus,
Par cette eau qui donne vie, que vous avez
bue sur terre,
Je vous salue.

Je me réjouis de votre présence auprès de
Ndem, le Dieu Suprême.
Écoutez les doléances de votre fils que je
suis. Je suis un des vôtres.
Certains d'entre vous me sont familiers,
d'autres m'ont précédé auprès des dieux.

Néanmoins, je reste votre enfant. Protégez-
moi, guidez mon esprit.

74

Ouvrez les portes de l'épanouissement sur

cette terre.

Cette eau est le symbole de ma conscience et

de mon offrande.

Daignez l'accepter. Je vous aime... »

- **Cœur à cœur avec l'invisible :** Le rituel se poursuit par l'expression des vœux les plus chers, murmurés avec ferveur et sincérité. Les mots et les expressions utilisés jouent un rôle crucial, car c'est eux qui permettent d'établir un dialogue avec les ancêtres, et pèsent de tout leur poids. Un peu d'eau est bue, le reste versé sur la terre, symbole d'un lien indéfectible qui se tisse entre le descendant et ses ancêtres.

- **Un éveil spirituel :** Ce rituel n'est pas une simple invocation, il est une renaissance, un éveil spirituel qui réveille les ancêtres et les connecte à leur descendant. Un courant d'énergie invisible se crée, une harmonie

75

profonde s'installe, permettant à l'individu de vibrer au rythme des esprits qui veillent sur lui.

- **Un héritage précieux** : Dans un monde en constante mutation, où les repères vacillent et les traditions s'effritent, la vénération des ancêtres chez les Bafou est un phare, un héritage précieux qui guide et inspire les générations futures. C'est une source de force et de sagesse, un rappel constant de l'importance de la famille, du respect et de la gratitude envers ceux qui ont pavé le chemin.

- **Un appel à la découverte** : Au-delà d'une simple tradition, la connexion avec les ancêtres chez les Bafou est une invitation à un voyage initiatique, une exploration des profondeurs de l'âme et de la spiritualité. C'est un appel à la découverte de soi, à la recherche de l'harmonie et de la paix intérieure, dans le respect des traditions et la communion avec les forces invisibles qui nous entourent.

3. Le rôle et le sens des mots dans la communication entre un Bafou et ses ancêtres

Dans la culture Bafou, la communication avec les ancêtres revêt une importance capitale. Ces entités spirituelles, considérées comme des sources d'énergies positives, de sagesse, de protection et de bénédiction, font l'objet d'un culte particulier qui se traduit par des rites et des pratiques codifiés. Parmi ces pratiques, les mots jouent un rôle crucial, permettant d'établir un dialogue avec les ancêtres, de leur exprimer respect, gratitude et requêtes, et de recevoir leurs conseils et bénédictions.

- **La parole comme vecteur de respect et de considération :** Dans la communication avec les ancêtres, les

77

mots sont choisis avec soin et prononcés avec respect. La parole est sacrée et doit être utilisée avec considération, car elle engage la personne qui parle et peut avoir des conséquences importantes sur son entourage. On évite donc les propos vulgaires, les insultes ou les mensonges, qui pourraient offenser les ancêtres et rompre le lien de communication.

- **La vérité comme fondement de la communication :** La vérité est une valeur fondamentale dans la culture Bafou, et elle est d'autant plus importante lorsqu'on s'adresse aux ancêtres. Mentir ou tromper les ancêtres est considéré comme un acte grave qui peut entraîner des conséquences néfastes pour la personne qui s'en rend coupable. Il est donc essentiel de parler avec sincérité et authenticité lors des communications avec les esprits ancestraux.

- **Les prières et les invocations - s'adresser aux ancêtres avec respect :** Les prières et les invocations constituent une forme de communication directe avec les ancêtres. Elles permettent d'exprimer sa gratitude, de demander assistance ou de solliciter des conseils. Ces prières sont souvent formulées en des langues anciennes ou sacrées, considérées comme plus efficaces pour communiquer avec le monde spirituel.

- **Les récits et les contes ancestraux - transmettre des valeurs et des savoirs :** Les récits et les contes ancestraux, transmis de génération en génération, constituent un autre mode de communication avec les ancêtres. Ces histoires, souvent empreintes de sagesse et de morale, permettent de transmettre des valeurs et des savoirs

79

ancestraux, et de maintenir un lien vivant avec les générations passées.

- **Les mots comme outils de divination :** Certaines personnes, notamment les devins et les voyants, possèdent la capacité d'interpréter les mots et les symboles pour communiquer avec les ancêtres. Cette forme de divination permet de connaître l'avenir, de prendre des décisions importantes ou de résoudre des problèmes complexes.

Ainsi donc, les mots jouent un rôle crucial dans la communication entre un Bafou et ses ancêtres. Ils permettent d'établir un dialogue respectueux et sincère, de transmettre des valeurs et des savoirs ancestraux, et de recevoir des conseils et des bénédictions. La maîtrise de la parole et le respect de la vérité sont des éléments essentiels pour maintenir un

80

lien harmonieux avec le monde des ancêtres.

III. Rites de parler aux ancêtres chez les Bafou : un dialogue profond entre les vivants et les esprits

Au sein de la culture Bafou, les ancêtres occupent une place centrale, tissant un lien invisible mais puissant entre le monde des vivants et celui des esprits. Les rites de parler aux ancêtres, ancrées dans les traditions et les croyances ancestrales, permettent aux membres de la communauté de communiquer avec leurs prédécesseurs, de leur demander protection et guidance, et de perpétuer un dialogue intergénérationnel essentiel à l'équilibre social et spirituel.

1. Exemples de rites de parler aux ancêtres

1.1. Salutations aux ancêtres - Un rituel quotidien de connexion et de gratitude :

Ce rite, souvent spontané, marque le retour d'un membre de la famille dans la concession familiale. Il s'agit d'un moment de communion intime où le descendant se présente à ses ancêtres, exprime sa gratitude pour leur soutien et leur protection, et leur confie ses préoccupations et ses aspirations.

Déroulement du rite :

- **Présentation et remerciements** : Le descendant se présente en indiquant son nom et sa filiation, puis exprime sa reconnaissance envers les ancêtres pour leurs bienfaits dans sa vie.

82

- **Doléances et vœux :** Le descendant peut ensuite partager ses difficultés, ses projets et ses espoirs, sollicitant les conseils et la bénédiction de ses ancêtres.

- **Adieux et demande de protection continue :** Le rite s'achève par des paroles d'au revoir et une requête renouvelée de protection et de guidance de la part des ancêtres.

- **Particularités du langage utilisé :** Les mots employés sont empreints d'affection, reflétant le lien profond et intime entre le descendant et ses ancêtres. Un ton respectueux et reconnaissant est maintenu tout au long du rite.

1.2. Demande de bénédiction pour le mariage : un rite crucial pour l'union

sacrée : Avant de s'unir, les futurs époux Bafou sollicitent la bénédiction de leurs ancêtres pour garantir la réussite et le bonheur de leur mariage. Ce rite solennel qui se déroule chez les aïeux de la fiancée, marque l'importance de l'accord ancestral dans la fondation d'une nouvelle famille.

Déroulement du rite :

- **Présentation des futurs époux** : Le successeur de la famille ou un représentant annonce aux ancêtres que leur fille a été demandé en mariage et sollicite leur bénédiction. Il présente à leurs ancêtres leur nouveau gendre en indiquant sa filiation. Il confirme aux ancêtres que leur nouveau gendre à apporter tout ce qui lui a été demandé.

- **Demande de bénédiction et de protection:** Le célébrant implore les ancêtres de bénir leur union, de leur accorder sagesse, harmonie et prospérité dans leur vie conjugale. Il implore avec insistance pour une grande et prestigieuse descendance.

- **Frottement de la poussière des ancêtres :** À la fin du rite, la poussière prélevée sur l'autel des ancêtres est frottée sur le front des futurs époux, en prononçant des paroles de bonheur et de prospérité, symbolisant la transmission de la bénédiction ancestrale.

- **Particularités du langage utilisé :** Les paroles expriment respect, humilité et confiance envers les ancêtres. Un engagement solennel de fonder une famille unie et prospère est formulé.

85

1.3. Demande de pénitence pour un ancêtre fâché : apaiser les esprits et rétablir l'harmonie : Lorsque des malheurs ou des discordes surviennent au sein de la famille, il est souvent considéré qu'un ancêtre est mécontent. Un rite de pénitence est alors organisé pour apaiser l'esprit de l'ancêtre et rétablir l'harmonie familiale.

Déroulement du rite :

- **Reconnaissance des torts** : Le descendant reconnaît les erreurs commises envers l'ancêtre et exprime ses regrets sincères.

- **Demande de pardon :** Il implore le pardon de l'ancêtre et promet de ne plus réitérer les actes qui l'ont offensé.

86

- **Engagements et promesses d'amélioration :** Le descendant formule des engagements concrets pour changer son comportement et améliorer la situation familiale.

- **Particularités du langage utilisé :** Les mots expriment contrition, humilité et sincérité dans la demande de pardon. Des promesses fermes d'amendement et de respect des valeurs ancestrales sont formulées.

1.4. Demande de forces et de protection pour affronter de grands défis :

Lorsqu'un membre de la communauté s'apprête à relever un défi important, il peut solliciter la force et la protection de ses ancêtres par le biais d'un rite spécifique. Ce rite lui permet de puiser dans la sagesse et la puissance ancestrales pour réussir ses entreprises.

87

- **Formulation de la demande :** Le descendant prononce des paroles solennelles pour appeler ses ancêtres et leur expliquer le défi qu'il s'apprête à relever. Il exprime son besoin d'assistance et de guidance.

- **Présentation de la requête :** L'individu détaille le défi auquel il est confronté, ses craintes et ses espoirs. Il sollicite la protection, la sagesse et la force des ancêtres pour l'aider à surmonter les obstacles et à atteindre ses objectifs.

- **Prières et supplications :** Des prières ancestrales sont récitées, souvent accompagnées de chants. Ces prières invoquent la bénédiction et la protection des ancêtres sur l'individu et son entreprise.

1.5. Offrandes et sacrifices : En fonction de la nature du rituel, des offrandes ou des sacrifices peuvent être effectués aux ancêtres. Cela peut inclure l'immolation d'animaux, le versement de libations ou la présentation de nourriture symbolique. Les offrandes et les sacrifices jouent un rôle crucial dans les rites de communication avec les ancêtres. Ces gestes symboliques permettent d'exprimer gratitude, de solliciter protection et assistance, et de renforcer le lien invisible qui unit les vivants aux esprits ancestraux. Les offrandes, faites de manière volontaire et désintéressée, constituent un témoignage de respect et de considération envers les ancêtres. Elles symbolisent la reconnaissance de leur bienveillance et de leur protection continue.

Les sacrifices quant à eux, souvent d'animaux, représentent une forme plus solennelle de communication avec les ancêtres. Ils marquent des événements importants, tels que les

89

funérailles, les intronisations de chefs, ou les demandes d'assistance particulières.

Le rite de parler aux ancêtres chez les Bafou ne se résume pas à une simple pratique religieuse ou culturelle. Il constitue un pilier fondamental de leur identité, tissant un lien invisible mais puissant entre les générations passées, présentes et futures. Le rite de parler aux ancêtres est une expression profonde de la spiritualité Bafou, un témoignage de leur respect pour les générations passées et de leur confiance en la puissance du lien invisible qui les unit. Loin d'être une simple tradition figée, ce rite évolue au fil du temps, s'adaptant aux nouvelles réalités tout en préservant son essence fondamentale : le dialogue intergénérationnel et la quête de sagesse et de guidance auprès des ancêtres.

En conclusion, le rite de parler aux ancêtres chez les Bafou est bien plus qu'un simple rituel.

Il s'agit d'une pratique vivante et évolutive qui façonne leur identité, renforce leur cohésion sociale et perpétue leur héritage culturel à travers les générations.

IV. La place de la parole dans les pratiques de conjuration

Au-delà de sa fonction communicative, la parole revêt une dimension performative et spirituelle chez les Bafou, notamment dans le domaine des pratiques de conjuration, visant à conjurer ou à contrer les malédictions, le mauvais sort, le cadi et le tonnerre. Ce chapitre explore les différentes facettes de la parole dans ces pratiques, mettant en lumière son pouvoir symbolique et sa capacité à influencer le monde invisible. Ces pratiques, ancrées dans la culture et les croyances traditionnelles, visent à influencer le cours des événements, à protéger les individus et la communauté des dangers et à rétablir l'ordre social. La parole,

91

sous ses différentes formes, constitue l'outil principal, permettant d'invoquer les ancêtres, les divinités et les forces spirituelles.

1. La malédiction : une arme de dissuasion et de vengeance

La malédiction, appelée "Ndoh" en langue Bafou, est une pratique redoutable utilisée pour punir ceux qui ont commis des injustices ou pour se protéger des ennemis. Elle consiste à prononcer des formules incantatoires chargées de puissance négative, appelant le malheur sur la cible. La parole, dans ce contexte, est chargée d'une force maléfique capable d'infliger des maladies, des accidents ou même la mort.

Les malédictions sont redoutées par les Bafou. Pour les contrer, ils utilisent des contre-malédictions, également proférées par des spécialistes. Ces paroles, prononcées lors des rituels spécifiques comme le Fe'eh ou pendant le parler aux ancêtres, visent à neutraliser les effets néfastes de la malédiction et à protéger la personne visée.

- **L'importance du verbe et de la formule :** La réussite de la contre-malédiction dépend de la précision et de la puissance du verbe utilisé. Des formules ancestrales, transmises de génération en génération, sont employées pour leur efficacité reconnue.

- **Le pouvoir des noms et des ancêtres** : L'invocation des noms des ancêtres et des divinités confère à la parole une force supplémentaire, permettant d'appeler à leur aide et de bénéficier de leur protection.

- **Les rituels et les symboles :** La parole conjuratoire s'accompagne souvent de rituels symboliques, tels que l'utilisation

93

d'objets sacrés ou de sacrifices (eau, jujube, arbre de paix, sel, poule ou chèvre), renforçant son efficacité et son impact spirituel.

2. La conjuration (Ndzo'oh), le mauvais sort et le cadi : des justices par l'ordalie

Le cadi, ou "Nghwou" en langue yemba, est une pratique divinatoire et judiciaire utilisée pour résoudre des conflits et identifier les coupables d'actes malveillants. La parole joue un rôle crucial dans cette pratique, car elle permet de formuler des accusations, de prêter des serments et d'invoquer les divinités pour qu'elles rendent justice. Le cadi peut se dérouler sous différentes formes.

Le mauvais sort, manifestation d'une force maléfique indéterminée, et le cadi, esprit maléfique nocturne, sont également combattus par la parole. Des incantations et des prières spécifiques, prononcées à voix haute ou

94

murmurées, visent à les repousser et à protéger les individus et les communautés.

- **La parole comme barrière protectrice** : La parole conjuratoire crée une barrière invisible autour de la personne ou du lieu menacé, empêchant les forces maléfiques de les atteindre.

- **L'appel à la protection divine** : Les prières et les invocations adressées aux divinités et aux ancêtres sollicitent leur intervention pour repousser les menaces et apporter la protection.

- **L'importance de la croyance et de la foi** : L'efficacité de la parole conjuratoire repose sur la croyance profonde des individus dans son pouvoir et dans la protection divine qu'elle procure.

La parole, dans les pratiques de conjuration chez les Bafou, révèle une profonde compréhension du pouvoir du langage et de son influence sur le monde invisible. Les incantations, les formules rituelles et les prières prononcées par les spécialistes de ces pratiques permettent d'invoquer les forces spirituelles, de protéger les individus et la communauté, et de rétablir l'ordre social. La parole, ainsi, se révèle être un outil puissant et complexe, ancré dans les croyances et les traditions du peuple Bafou.

Chapitre 6 : Les chants : rythmes, mélodies et messages

Au cœur de la culture Bafou, les chants occupent une place centrale dans la transmission de la parole, rythmant la vie sociale, religieuse et spirituelle de la communauté. Ils constituent un langage universel qui transcende les mots, exprimant un large éventail d'émotions, de savoirs et de valeurs.

I. Le pouvoir des chants dans la vie sociale et religieuse

1. Le chant Bafou : une symphonie d'émotions et de mémoire collective

97

Au cœur de la société Bafou, le chant vibre comme une âme vivante, omniprésent dans les cérémonies sacrées, les labeurs quotidiens et les instants de convivialité. Plus qu'un simple divertissement, il s'érige en un pilier fondamental de l'identité et de la mémoire collective, tissant un lien indéfectible entre les générations.

Héritiers d'une tradition ancestrale, les chants Bafou, transmis de bouche à oreille à travers les âges, racontent l'histoire d'un peuple, ses valeurs morales et ses traditions. Ils sont l'écho vibrant des ancêtres, des héros et des épreuves qui ont façonné l'essence même de la communauté.

Lors des cérémonies de deuil ou de funérailles, la chantre, gardienne des secrets mélodiques ancestraux, emmène l'assistance dans un voyage émotionnel captivant. Sa voix, chargée d'une puissance et d'une sensibilité uniques, retrace les moments forts et les meilleurs

98

souvenirs du défunt, tissant une tapisserie vibrante d'hommage et de reconnaissance.

Maîtres du verbe et de l'improvisation, les chanteurs Bafou adaptent leur discours au contexte avec une virtuosité inégalée. Chaque événement, chaque cérémonie devient une occasion unique de communion et de partage, où les mots soigneusement choisis vibrent au cœur des êtres, suscitant rires, larmes et réflexions.

Le chant Bafou n'est pas qu'un divertissement ou un rite funéraire, il est un miroir de l'âme humaine, une invitation à l'introspection et à la quête de sens. À travers ses mélodies envoûtantes et ses paroles porteuses de sagesse, il permet aux individus de se confronter à leurs défis, à leurs aspirations et à la place qu'ils occupent dans le grand orchestre de la vie.

En conclusion, le chant Bafou est un art vivant, une expression authentique de l'identité et de la mémoire collective. Il est un pont entre les générations, un hymne à la vie et un guide dans les méandres de l'existence humaine.

2. Les différents types de chants en fonction des circonstances émotionnelles.

Les chants Bafou sont avant tout une expression profonde des sentiments humains. Ils permettent de manifester la joie lors des célébrations et des festivités, de partager la peine lors des deuils et des cérémonies commémoratives, et d'élever l'esprit vers le divin dans les moments de prière et de méditation.

- **Chants de joie et de fête :** Ces chants rythmés et entraînants accompagnent les mariages, les naissances, les récoltes et autres événements heureux. Ils célèbrent la

100

vie, la communauté et les liens qui unissent les individus. En fonction des circonstances, on a les chants de bienvenue, les chants de remerciement, les chants d'au revoir, les chants de réjouissances et les chants d'exhalation.

- **Chants de lamentation et de deuil :** Lors des deuils et des cérémonies commémoratives, des chants empreints de tristesse et de recueillement sont entonnés pour rendre hommage aux défunts et exprimer la douleur de la perte. Ces chants visent aussi à consoler les personnes affligées, comme les veuves, les orphelins, les amis et les frères et sœurs du défunt.

- **Chants sacrés et spirituels :** Dans les moments de prière et de méditation, les chants Bafou s'élèvent vers le divin, implorant la protection des ancêtres, la bénédiction des esprits et la guidance dans le cheminement spiruel. Des chants spécifiques sont exécutés pendant les cérémonies comme la cérémonie de la célébration des jumeaux, avec des paroles destinées à célébrer la magnificence de Dieu à travers la double naissance.

3. Rôle du chant dans les cérémonies et les rituels

Les chants font partie intégrante des cérémonies et des rituels Bafou, marquant les différentes étapes et soulignant l'importance des événements. Ils rythment les sacrifices, les libations, les invocations aux ancêtres et les prières, renforçant la dimension sacrée et symbolique de ces pratiques.

- **Chants d'invocation des ancêtres :** Lors des rites de communication avec les ancêtres comme la cérémonie des jumeaux, des chants spécifiques sont entonnés pour appeler leur attention, solliciter leur

102

bénédiction et leur transmettre des messages.

- **Chants de sacrifice :** Les sacrifices d'animaux s'accompagnent souvent de chants solennels qui amplifient la portée symbolique de l'offrande et expriment la gratitude envers les ancêtres.

- **Chants de célébration et de remerciement :** À l'issue des cérémonies et des rituels, des chants de célébration et de remerciement sont entonnés pour marquer la réussite de l'événement et exprimer la reconnaissance envers les ancêtres et les divinités.

4. Transmission des valeurs et des savoirs

Les chants Bafou constituent un précieux moyen de transmission des valeurs ancestrales, des savoirs traditionnels et de l'histoire du peuple. Ils racontent les exploits

103

des héros, les leçons de vie, les codes de conduite et les croyances qui fondent l'identité Bafou.

- **Chants narratifs et historiques :** Ces chants relatent les événements marquants de l'histoire Bafou, les migrations des ancêtres, les guerres et les victoires, perpétuant ainsi la mémoire collective et l'identité du peuple.

- **Chants éducatifs et moraux :** À travers des contes chantés et des fables moralisatrices, les valeurs telles que le respect, la solidarité, le courage et la sagesse sont véhiculés et transmises aux nouvelles générations.

- **Chants de savoir-faire :** Des chants spécifiques décrivent les techniques agricoles, artisanales et de chasse, préservant ainsi les savoirs traditionnels et la connaissance du monde naturel.

Les chants Bafou, loin d'être de simples divertissements, sont des éléments essentiels de la vie sociale, religieuse et culturelle. Ils expriment les émotions, rythment les cérémonies, transmettent les savoirs et renforcent le lien entre les générations. Véritables gardiens de l'identité Bafou, ces chants continuent à résonner à travers le temps, préservant un héritage précieux et contribuant à l'épanouissement de la communauté.

II. Exemple de chant du patrimoine Bafou : Le chant patriotique ou hymne Bafou

1. Histoire du chant patriotique Bafou

Bafou, Cameroun, 1960. Le jeune Moho Télong Nkemgah Pierre, commando fraîchement rentré du front, fredonne des chansons militaires. Son ami, Moho Teyo Ntsamo Nguiaga Etienne, technicien de génie rural, est fasciné par les mélodies et propose une audacieuse idée : adapter les paroles pour célébrer Bafou, leur royaume meurtri par l'assassinat de son chef Fo'o Ndong Ngouadjeu Jean.

Le contexte est sombre. Le roi des Bafou Fo'o Ndong Ngouadjeu Jean a été sauvagement assassiné en 1959, laissant un vide immense et une douleur profonde dans le cœur des Bafou. La chanson devient un baume sur les blessures, un cri d'espoir et de fierté.

Nés de l'amitié et du patriotisme, les mots coulent naturellement. "A z'oop le lock ndzing", "A z'oop Fou'hou", "Nga'h Ntshi'ih", chaque phrase célèbre l'histoire, les valeurs et la force de Bafou. Le chant devient un hymne, unifiant le peuple dans sa douleur et son désir de renaissance.

D'abord murmuré dans les coins de Ntsingfou, petite bourgade située à quelques encablures de la chefferie supérieure Bafou, l'hymne se propage. Porté par les voix des guerriers du

106

Mendzong de la cour royale, il résonne lors des événements publics, rassemblant les Bafou autour de leur identité commune. En 1962, lors de l'intronisation de Dr Paul KANA, le chant patriotique Bafou devient un symbole officiel du renouveau.

L'écho de Bafou traverse les frontières. Les Bafou de la diaspora adoptent l'hymne, le chantant lors de manifestations culturelles et sportives, proclamant leur fierté et leur attachement à leur terre natale.

L'avènement de Fo'o Ndong Victor KANA III marque un tournant. Désireux de moderniser et de vulgariser l'hymne, il en orchestre la numérisation, créant une version MP3 accessible à tous. L'hymne devient immortel, diffusé sur les ondes et dans les foyers, un héritage précieux transmis aux générations futures.

L'histoire de l'hymne Bafou est une histoire d'amitié, de courage et de résilience. C'est le chant d'un peuple qui a su transformer la douleur en force et l'unité en un hymne vibrant à l'éternité.

Plus qu'une simple chanson, l'hymne Bafou est une âme, une mémoire collective, un lien indéfectible entre les fils et filles de ce royaume. Il est le témoin des épreuves surmontées et des victoires célébrées, un phare qui guide Bafou vers un avenir radieux.

2. Texte l'hymne Bafou en langue Yemba

A z'oop le lock ndzing

A'Fou'hou !   A'Fou'hou Tèh-ndong megang mè zieh weuk wouh'

*Péêh siack' nei
Péêh siack'ne Ndem hi'i le gh'euh mè zihèh weuk Fou'hou*

Pêêh wouh'eti ...
Pêèh wouh'eti Ndem hi'i le gh'euh mè
zihèh weuk wouh'

A z'oop Fou'hou

Peuk gho'h ngoôh te temne teuh ngong
Fou'hou
Ntchouti wooh nkeu'h pi peck lè lock ndièh
Fou'hou
Ngong Fou'hou si ngôh ngong si'ih

Ngning tshi'h ntang Fou'hou, mbôh ngang
ngho'h kwê'h
Ngning hi'i le tsihè Fou'hou zeck jioh, a le
lock nouneneu te ntsih
Ndem ghôh ke tsa'ah weuk, 'mbi'ing tchui
weuk ndzèhè nouneu

Peck ghoh nteu Fou'hou ... Peck ghoh
nteu Fou'hou, mbong nda'h ta'h nouh ....
mbong nda'h ta'h nouh ...
Méh fouh li'h kweu'h, a kôh ke ngheuh
Ndem mè wouh

Fo'o NGOUADJEU le kweu'h nè la'a zi'h
Pa'h Yessu Christo le kwê'h tou'hou pouôh
menong
Mia-miah a'a woutih nè lezing tsih mêh
la'ah zouck z'h'êh

109

Ngning hi'ï le tsihè Fou'hou zeck jioh, a le lock nouneneu te ntsih
Ndem ghôh ke tsa'ah weuk, 'mbi'ïng tchui weuk ndzèhè nouneu

Peck ghoh nteu Fou'hou ... Peck ghoh nteu Fou'hou, mbong nda'h ta'h nouh ... mbong nda'h ta'h nouh ...
Méh fouh li'h kweu'h, a kôh ke ngheuh Ndem mè wouh

3. Traduction française du chant patriotique Bafou : "Bafou, Terre bénie et unie"

Couplet 1 :

En temps de désarroi, Bafou s'est

rassemblé, Unissant ses enfants dans la

lutte sans faillir.

Terre bénie par Dieu, Bafou rayonne,

Trahir sa grandeur est un destin funeste.

Refrain :

Bafou, berceau de vérité,

110

Fondé sur des valeurs d'intégrité.

Dieu guide nos pas vers la droiture,

Un seul cœur, une seule parole, à jamais

pure.

Couplet 2 :

La mort est inévitable, c'est la loi de la vie,

Mais l'esprit de Bafou ne s'éteindra jamais.

Veillé par Dieu, notre foi s'affermit,

Fo'o Ngouadjeu, notre héros, nous a tracé

le chemin.

Refrain :

Bafou, berceau de vérité,

Fondé sur des valeurs d'intégrité.

Dieu guide nos pas vers la droiture,

Un seul cœur, une seule parole, à jamais

pure.

Pont :

A'fou'hou, terre natale, berceau de notre

lignée, Remercions Dieu pour ce destin

privilégié.

Bafou, havre de paix et d'unité,

Que sa gloire résonne à travers l'éternité.

Refrain :

Bafou, berceau de vérité,

Fondé sur des valeurs d'intégrité.

Dieu guide nos pas vers la droiture,

Un seul cœur, une seule parole, à jamais

pure.

4. Le pouvoir des mots et de la parole dans l'hymne Bafou

L'hymne Bafou, "Bafou, Terre bénie et unie", regorge de mots puissants et d'une rhétorique habile qui célèbrent l'identité, l'histoire, les valeurs et la foi du peuple Bafou. Au-delà de sa simple fonction de chant patriotique, il se révèle être un outil précieux pour comprendre la culture et la mentalité Bafou.

- Un appel à l'unité et à la résistance : Dès les premiers mots, l'hymne évoque un moment de désarroi, soulignant la vulnérabilité de la communauté Bafou. Face à cette épreuve, le chant appelle à l'union et à la solidarité, soulignant la force collective comme rempart face aux adversités.

"*En temps de désarroi, Bafou s'est rassemblé*" : Cette phrase introductive pose le contexte et met en lumière l'importance de l'unité dans les moments difficiles.

"*Unissant ses enfants dans la lutte sans faillir*" : L'image des "enfants" symbolise la nouvelle génération et l'espoir d'un avenir meilleur. La "lutte sans faillir" souligne la détermination et la résilience du peuple Bafou.

- Célébration de la terre bénie et de ses valeurs

L'hymne loue Bafou comme une terre bénie par Dieu, un havre de paix et d'unité. Cette description met en avant l'amour profond du

113

peuple pour sa terre natale et son attachement à ses racines.

"Bafou est un pays béni de Dieu" : Cette affirmation exprime la foi profonde du peuple Bafou et sa gratitude envers la divinité pour les richesses de sa terre.

"Celui qui a fondé notre cher Bafou, l'a fait avec Vérité" : Cette phrase souligne l'importance de la vérité et de l'intégrité dans les fondements de la société Bafou.

"A Bafou nous n'avons qu'une seule parole. Seulement une parole !" : Cette phrase insiste sur l'unité de parole et d'action du peuple Bafou, symbolisant sa cohésion et sa force collective.

- La foi et la résignation face à la mort

L'hymne ne nie pas la réalité de la mort, mais la présente comme une étape inévitable de la vie. La foi en Dieu et la certitude d'une vie

114

après la mort apportent du réconfort et de la résilience face à l'épreuve du deuil.

- ***"Nous mourons un jour, c'est vrai, mais qu'est-ce que cela fait !"*** : Cette phrase exprime une certaine acceptation de la mort, vue comme un passage vers une autre existence.

- ***"Dieu est là et il veille"*** : La présence divine est une source de réconfort et d'espoir pour le peuple Bafou, face à la fragilité de la vie humaine.

- **Hommage aux héros et à la tradition**

L'hymne rend hommage à Fo'o Ngouadjeu, figure héroïque fondatrice de Bafou, et célèbre la tradition orale comme vecteur de transmission des valeurs et de l'histoire du peuple.

- **"Fo'o Ngouadjeu est mort pour son peuple"** : Ce sacrifice ultime symbolise le

115

dévouement et l'amour du héros pour sa communauté.

- **"A'fou'hou .... A'fou'hou Tê-Ndong Mègang, nous sommes nés là-bas !"** : Cette répétition du nom de la terre natale renforce le sentiment d'appartenance et de fierté du peuple Bafou.

Conclusion : Un chant vibrant d'identité et de foi

L'hymne Bafou, à travers ses mots puissants et sa rhétorique habile, se révèle être un véritable hymne à l'identité, à la foi et à la résilience du peuple Bafou. Il célèbre les valeurs de solidarité, d'intégrité et de respect des traditions, tout en exprimant la gratitude envers la terre natale et la foi en un avenir meilleur.

116

Chapitre 7 : La place de la parole dans les pratiques mortuaires

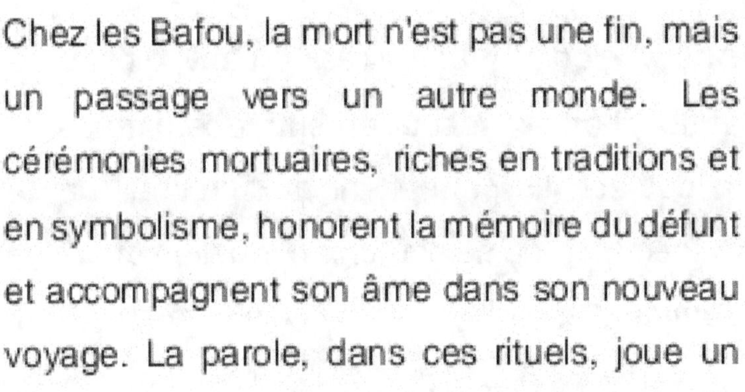

Chez les Bafou, la mort n'est pas une fin, mais un passage vers un autre monde. Les cérémonies mortuaires, riches en traditions et en symbolisme, honorent la mémoire du défunt et accompagnent son âme dans son nouveau voyage. La parole, dans ces rituels, joue un rôle central, exprimant le deuil, la gratitude, l'espoir et la connexion avec le monde spirituel.

1. Le chant de la descente du deuil : Une symphonie de tristesse et d'espoir

Dès l'annonce du décès, les populations accourent vers la concession du défunt, et sont reçus par des chants de deuil, qui résonnent au rythme d'un grand tambour à double gong

117

(Lah Mepfou'ou). Ces chants, entonnés par des femmes professionnelles, expriment la tristesse profonde de la famille et des proches. Les paroles, souvent poétiques et imagées, décrivent la douleur de la perte, l'amour pour le défunt et l'incertitude de l'avenir.

Ces mélodies funéraires créent ainsi une atmosphère de recueillement et de partage de la douleur. Ils permettent aux proches de se rassembler, de se soutenir mutuellement et de commencer le processus de deuil.

2. Les chants de la veillée mortuaire d'avant l'enterrement : Un voyage spirituel

Avant l'enterrement, une veillée est organisée dans la maison du défunt, accompagnée de sa dépouille, au cour de laquelle les chants de la veillée mortuaire sont entonnés. Ces chants, interprétés pendant toute la nuit, constituent

118

des supplications aux ancêtres et aux esprits afin de faciliter le voyage du défunt dans le monde de l'au-delà. Les paroles, souvent narratives, racontent la vie du défunt, ses réalisations et son impact sur la communauté. Il s'agit aussi parfois des chansons philosophiques qui abordent les problématiques de la vie et de mort, ainsi que le côté vain de toute chose sur la terre.

Ces chants aux paroles fortes et poignantes permettent aux proches de se souvenir du défunt, de célébrer sa vie et de lui adresser leurs derniers hommages. Ils offrent également au défunt un guide et un soutien dans son passage vers l'au-delà.

3. Les témoignages et oraisons funèbres : Des paroles pour l'âme

Les témoignages et les oraisons funèbres, éléments clés des cérémonies mortuaires chez les Bafou, offrent un espace de parole aux proches du défunt pour partager leurs souvenirs, exprimer leurs sentiments et célébrer sa vie. Ces paroles, chargées d'émotion et de symbolique, contribuent à l'élévation spirituelle du défunt et à la construction du récit collectif autour de sa mémoire.

Les témoignages et oraisons funèbres Bafou ne se limitent pas à un simple éloge du défunt. Ils constituent un espace de partage d'anecdotes personnelles, de réflexions sur la vie du défunt et de transmission de valeurs aux générations futures.

Les récits d'événements marquants partagés avec le défunt permettent aux proches de raviver leur mémoire et de célébrer les moments heureux passés ensemble. Les intervenants mettent en lumière les qualités morales, les accomplissements et les contributions du défunt à la famille et à la communauté.

Les oraisons funèbres, généralement prononcées par des chefs religieux, des prêtres et pasteurs ou des personnalités spirituelles respectées, ont une dimension plus spirituelle que les témoignages. Elles visent à apaiser l'âme du défunt, à lui souhaiter un bon voyage dans l'au-delà et à prier pour son repos éternel. Les oraisons funèbres font souvent appel aux divinités et aux ancêtres pour intercéder en faveur du défunt et lui accorder une place favorable dans l'au-delà. Les prières implorent le pardon des divinités et des ancêtres pour les fautes éventuelles du défunt, lui souhaitant une transition paisible vers l'au-delà.

Les oraisons funèbres apportent du réconfort aux proches du défunt en leur offrant l'espoir d'une vie meilleure dans l'au-delà et en soulignant la permanence de l'esprit.

Les oraisons funèbres servent également à transmettre des valeurs morales et des leçons

121

de vie aux jeunes générations, inspirées par l'exemple du défunt.

Si la tradition Bafou encourage à parler en bien du défunt, cela ne signifie pas nécessairement que les témoignages et oraisons funèbres soient dénués de sincérité. Bien au contraire, ils offrent l'occasion d'exprimer des sentiments authentiques, y compris des critiques constructives ou des regrets.

Les intervenants peuvent souligner les défauts ou les erreurs du défunt tout en reconnaissant son importance et son impact positif sur leur vie. Les oraisons funèbres peuvent également servir à tirer des leçons des erreurs du défunt et à mettre en garde l'auditoire contre les dangers de certains comportements.

122

4. Le discours du chef de famille ou du chef de quartier après l'inhumation

Après l'enterrement, le chef de famille ou le chef de quartier prononce un discours pour clôturer les cérémonies mortuaires. Ce discours vise à expliquer à la population le genre de mort, puis à apaiser les tensions, à réaffirmer l'unité de la communauté et à offrir des conseils pour l'avenir. Il informe également sur la date du début de la cérémonie de veuvage.

Ce discours renforce les liens sociaux, rappelle l'importance de la tradition et de la transmission des valeurs, et encourage les membres de la communauté à se soutenir mutuellement dans l'épreuve du deuil.

Les témoignages doivent être sincères et authentiques, reflétant la réalité de la vie du défunt. L'exagération ou la fabrication de faits est considérée comme irrespectueuse et peut

123

nuire à l'esprit de la cérémonie, et même être source de malédictions pour celui qui les profère.

5. Les paroles utilisées et leur impact

Les paroles prononcées lors des cérémonies funèbres Bafou sont choisies avec soin et respect. Elles doivent être empreintes de sincérité, de compassion et de spiritualité. L'utilisation de mots négatifs, de critiques ou de jugements envers le défunt est considérée comme inappropriée et peut nuire à son repos éternel.

Le pouvoir des mots et des formules : Les Bafou croient que les mots prononcés lors des cérémonies funèbres ont un pouvoir réel sur le sort du défunt. Des formules ancestrales et des prières spécifiques sont utilisées pour maximiser leur efficacité spirituelle.

L'importance de l'intention et de la foi :

L'impact des paroles dépend également de l'intention et de la foi de celui qui les prononce. Une oraison funèbre prononcée avec sincérité et conviction aura un impact plus profond que des paroles prononcées par obligation ou sans conviction.

La parole, dans les cérémonies mortuaires Bafou, joue un rôle crucial en exprimant le deuil, en honorant la mémoire du défunt et en accompagnant son âme dans son voyage vers l'au-delà. Les chants, les témoignages, les oraisons funèbres et le discours du chef de famille constituent une symphonie de paroles qui reflète la richesse de la culture Bafou et la profondeur de leur spiritualité.

125

Conclusion :
Une symphonie de paroles
pour l'âme Bafou

Au cœur du pays Bamiléké, chez les Bafou, la parole n'est pas un simple son, mais une force vibrante qui tisse la vie et relie le visible à l'invisible. C'est une symphonie de mots, rythmée par les traditions ancestrales et portée par le souffle des générations.

Tel un griot maniant sa kora, le peuple Bafou utilise la parole pour tisser l'histoire, célébrer les héros, conjurer les maux et guider les âmes vers l'au-delà. Les proverbes, sages murmures du temps, distillent des leçons de vie et éclairent le chemin des jeunes. Les devinettes, énigmes subtiles, aiguisent l'esprit et invitent à la réflexion profonde. Les contes, récits

126

enchantés, transportent les auditeurs dans des mondes imaginaires, tout en transmettant des valeurs morales et des leçons de vie.

La parole Bafou n'est pas seulement un outil de communication, elle est une arme contre l'oubli, un pont entre les générations et un hymne à l'identité. C'est dans les chants et les prières que les Bafou honorent leurs ancêtres et implorent la protection des divinités. C'est dans les discours et les témoignages qu'ils célèbrent les vivants et honorent la mémoire des disparus.

La parole Bafou est une source inépuisable de sagesse, un trésor culturel inestimable qui mérite d'être préservé et transmis aux générations futures. C'est dans le murmure des rivières, le bruissement des feuilles et le chant des oiseaux que l'on retrouve l'écho de cette symphonie de mots, une mélodie unique qui définit l'âme du peuple Bafou.

Que cette symphonie de paroles continue de résonner à travers les âges, portant haut les valeurs et l'identité du peuple Bafou, pour toujours et à jamais.

128